Tobias Stengel

Sind ERP Systeme noch zeitgemäß?

GRIN Verlag

Bibliografische Information der Deutschen Nationalbibliothek:

Die Deutsche Bibliothek verzeichnet diese Publikation in der Deutschen National-
bibliografie; detaillierte bibliografische Daten sind im Internet über http://dnb.d-
nb.de/ abrufbar.

Impressum:

Copyright © 2006 GRIN Verlag GmbH
Druck und Bindung: Books on Demand GmbH, Norderstedt Germany
ISBN: 978-3-638-77371-3

Dieses Buch bei GRIN:

http://www.grin.com/de/e-book/63822/sind-erp-systeme-noch-zeitgemaess

GRIN - Your knowledge has value

Der GRIN Verlag publiziert seit 1998 wissenschaftliche Arbeiten von Studenten, Hochschullehrern und anderen Akademikern als eBook und gedrucktes Buch. Die Verlagswebsite www.grin.com ist die ideale Plattform zur Veröffentlichung von Hausarbeiten, Abschlussarbeiten, wissenschaftlichen Aufsätzen, Dissertationen und Fachbüchern.

Besuchen Sie uns im Internet:

http://www.grin.com/

http://www.facebook.com/grincom

http://www.twitter.com/grin_com

Hochschule Heilbronn
Hochschule für Technik und Wirtschaft
Studiengang: Verkehrsbetriebswirtschaft und Logistik (VB)

Proseminararbeit (160018)

Sind ERP Systeme noch zeitgemäß?

Verfasser:

Tobias Stengel

Semester:

Sommersemester 2006

Inhaltsverzeichnis

1. Einleitung

Das beispiellose Wachstum der Informationstechnologie vor allem in den letzten zehn Jahren hat alle Bereiche der Computeranwendungen beeinflusst, hier ist besonders das Vordringen des Internets in die Unternehmensbereiche aller Branchen zu nennen. Dieses Wachstum wurde vorangetrieben durch die Entwicklung hochwertiger Hardwarekomponenten und Softwaresysteme. Angesichts dieser Entwicklung stellt sich die Frage, ob Enterprise-Resource-Planning-Systeme (ERP Systeme) noch zeitgemäß sind oder ob auch sie einer neuen IT Technologie weichen müssen, wie dies in den 90er Jahren der Fall war, als die ERP Systeme die Individuallösungen verdrängten.[1] ERP Systeme werden dazu eingesetzt, Unternehmen abzubilden, zu verwalten und zu steuern. Sie integrieren alle Unternehmensbereiche zu einem Rückgrat unter Verwendung einer zentralen Datenbasis.[2]

Zwar rückten die ERP Systeme gegen Ende der 90er Jahre in den Hintergrund und wurden „sogar für ‚tot' erklärt"[3], als neue internetfähige E-Business-Ansätze im Zuge des damaligen Internethypes auf den Markt kamen.[4] Den E-Business Systemen gelang es aber nicht, die ERP Systeme dauerhaft zu verdrängen. Vielmehr hat man gemerkt, dass die E-Business Systeme nur mit einem gut funktionierenden ERP System reibungslos laufen.[5] Im Jahre 2000 begann eine neue Ära der ERP Systeme, die die Analysten der Gartner Research Group unter dem Titel „ERP is dead – long live ERP II" ankündigten.[6] Die ERP Anbieter setzten weitestgehend das ERP II Konzept von Gartner um und entwickelten ERP II Systeme, die sich dadurch auszeichnen, dass sie die E-Business Systeme integrieren und somit internetfähig sind.

---

[1] Vgl. Rashid (o. J.).
[2] Vgl. Hildebrand/Rebstock (2000), S. 15.
[3] Montanus (2004), S. 45.
[4] Vgl. ebd., S. 45.
[5] Vgl. ebd., S. 39.
[6] Vgl. Gartner (2000), S. 2.

Zur Zeit ist das Business Umfeld geprägt durch eine Zunahme von Fusionen sowie durch die Internationalisierung von Unternehmensstrukturen.[7] Die fortschreitende Globalisierung macht es erforderlich, hinsichtlich der Nutzung von Ressourcen und Standortfragen und der damit einhergehenden Unternehmensprozesse Unternehmens- und Ländergrenzen zu überschreiten. Dabei entstehen virtuelle Organisationen, deren Wertschöpfung nur dann erfolgreich ist, wenn die verteilten Organisationseinheiten effizient zusammenarbeiten.[8] Demgemäß soll sich jedes Businessmodell, wenn nicht schon bereits geschehen, auf lange Sicht zum Collaborative Business Modell entwickeln. Hierbei handelt es sich um eine Geschäftsstrategie, bei der verschiedenste Partnerunternehmen entlang einer Wertschöpfungskette von einem gegenseitigen gezielten Informationsaustausch profitieren.[9] Laut Gartner ist es unabdingbar, das Collaborative Business Modell um das Real-Time-Enterprise Modell zu ergänze[10]

Ziel der vorliegenden Arbeit ist es, die Zusammenhänge zwischen den genannten Begriffen darzustellen und zu klären, ob ERP Systeme noch zeitgemäß sind. Dazu ist diese Arbeit in sechs Kapitel gegliedert. Nach einer historischen Betrachtung der ERP II Systeme im zweiten Kapitel wird in Kapitel 3 das ERP II Konzept im Zusammenhang mit E-Business erläutert. Kapitel 4 beleuchtet die aktuelle Ausgangssituation bei der Wahl eines IT Systems, wobei die ERP Systeme ins Verhältnis zu Best-of-Breed Lösungen gesetzt werden. Anschließend wird im fünften Kapitel die Rolle der Service-orientierten Architektur (SOA) beim Paradigmenwechsel in der Architektur von Standard Software dargestellt. Die Betrachtung in Kapitel 6 schließlich soll als Resultat der vorangegangenen Untersuchungen eine Antwort auf die thematische Frage dieser Arbeit geben.

---

[7] Vgl. Hildebrand/Rebstock (2000), S. 15.
[8] Vgl. Schöntaler (2005), S. 3.
[9] Vgl. Silberberger (2003), S. 3.
[10] Vgl. Gartner Group (2004).

2. Von MRP über ERP zu ERP II

Figure 2: ERP evolution

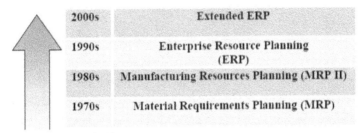

2000s	Extended ERP
1990s	Enterprise Resource Planning (ERP)
1980s	Manufacturing Resources Planning (MRP II)
1970s	Material Requirements Planning (MRP)

Abb. 1: ERP evolution[11]

Im Folgenden werden die Etappen der Entwicklung des MRP bis hin zum ERP II dargestellt.

1970er: Material Requirement Planning (MRP)
Mit MRP wurden bereits in den siebziger Jahren erste Schritte zur Systematisierung des Informationsflusses innerhalb des Produktionsprozesses unternommen.[12] Das MRP System ermöglicht eine genaue Kontrolle über die Planung der Produktion.[13]

1980er: Manufacturing Resource Planning (MRP II)
In den achtziger Jahren erfolgte die Weiterentwicklung von MRP zu MRP II, das auch strategische Gesichtspunkte der Produktionsplanung berücksichtigt.[14]

1990er: Enterprise Resources Planning (ERP)
In den neunziger Jahren schließlich wurde die ERP Software entwickelt; dies ist ein umfassendes Softwarepaket von Anwendungen, die auf einer gemeinsamen Datenbasis aufbauen.

---

[11] (Massey University, New Zealand), S.1.
[12] Vgl. Norris et al. (2002), S. 2.
[13] Vgl. Schulte (2005), S. 417.
[14] Vgl. ebd.

Über diese Datenbasis werden die verschiedenen Aufgabenbereiche und Prozesse eines Unternehmens miteinander verknüpft und so Datenredundanzen vermieden.[15]

2000: ERP II oder erweitertes ERP

Zur Zeit des Internethypes, etwa zwischen 1998 und 2000, mussten die ERP Anbieter dramatische Umsatzeinbrüche hinnehmen. Einige Unternehmen sahen schon das Ende der ERP Systeme gekommen,[16] da man davon ausging, dass sich alle Geschäfte mit sämtlichen Prozessen komplett in das virtuelle World Wide Web verlagern sollten. Doch statt „des vielfach prognostizierten Todes der einst monolithischen, nur auf eigene Standards setzenden ERP-Systeme öffneten sich diese und holten das WWW in die Unternehmen" [17]. Diese neue Software-Generation wird ERP II genannt[18], dessen Begriff von Gartner geprägt wurde. ERP II ist neben der Unterstützung vertikaler Funktionen zusätzlich in der Lage, die „Transformation eines Unternehmens in eine prozessorientierte, an Wertschöpfungsnetzen ausgerichtete Organisation"[19] zu begleiten.

---

[15] Vgl. ebd., S. 142-143.
[16] Vgl. Mancuso (o. J.).
[17] Vgl. Blankhamer, Alfred (o. J.).
[18] Vgl. ebd.
[19] Vgl. Computerwoche (9/2003), S. 42.

3. ERP II Systeme im Zeichen des E-Business

3.1 E-Business Systeme ersetzen die ERP Systeme nicht

Gegen Ende der neunziger Jahre des letzten Jahrhunderts kamen SCM Softwareanbieter auf den Markt, die Systeme für die Vernetzung der einzelnen Unternehmen untereinander entwickelten. Einige davon sollten sich innerhalb des Unternehmens so miteinander verknüpfen lassen, dass ein ERP System überflüssig werden würde.[20] Allerdings konnte sich diese Wunschvorstellung der SCM Anbieter in der Geschäftswelt nicht durchsetzen. Dagegen halten viele Unternehmen einen Austausch exakter Daten mit ihren Geschäftspartnern ohne ERP Systeme für unmöglich.[21]

3.2 Die Umsetzung des ERP II Konzepts

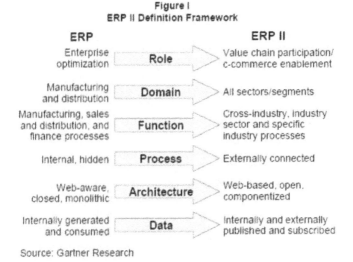

Figure I
ERP II Definition Framework

ERP		ERP II
Enterprise optimization	Role	Value chain participation/ c-commerce enablement
Manufacturing and distribution	Domain	All sectors/segments
Manufacturing, sales and distribution, and finance processes	Function	Cross-industry, industry sector and specific industry processes
Internal, hidden	Process	Externally connected
Web-aware, closed, monolithic	Architecture	Web-based, open, componentized
Internally generated and consumed	Data	Internally and externally published and subscribed

Source: Gartner Research

Abb. 2: Komponenten der ERP II Applikationsstrategie[22]

---

[20] Vgl. Norris et al. (2002), S. 167.
[21] Vgl. ebd., S. 1.
[22] Vgl. Gartner (2000), S. 2.

Gartner prägte den Begriff der ERP II Systeme und legte ein Konzept vor, wie sich die ERP Systeme entwickeln müssen, um heute noch zeitgemäß zu sein (vgl. Abb. 2). ERP I Softwaresysteme, die um die o. g. sechs Punkte des ERP II Konzepts nach Gartner erweitert worden sind, bezeichnet man als ERP II Systeme.[23]

Im Jahre 2003 sah Gartner die Notwendigkeit für einen Großteil der Unternehmen, bis 2005 auch außerhalb der eigenen Unternehmensgrenzen kritische Informationen für Partner, Lieferanten und Kunden zur Verfügung zu stellen, beispielsweise um Geschäftsprozesse kollaborativ zwischen den Unternehmen einer Branche abwickeln zu können. Die klassischen ERP Systeme konnten diese unternehmensübergreifenden kollaborativen Prozesse jedoch nicht bewältigen, da sie meist für vertikale Organisationsformen ausgelegt waren.[24] Sie wiesen eine geschlossene Architektur auf und bildeten nur bestimmte interne Unternehmensstrukturen ab[25], wie die Fertigungslogistik und Betriebswirtschaft.

Da die ERP Anbieter das ERP II Konzept von Gartner weitestgehend umsetzten, unterscheidet sich der klassische so stark von dem aktuellen Leistungsumfang des Produktportfolios eines typischen ERP Herstellers, dass nur noch der Name gleich ist. „Folglich lagen die Gartner Analysten im Jahr 2000/2001 mit ihrem Abgesang auf das traditionelle ERP I Modell durchaus richtig."[26] Inzwischen haben sich das Konzept und die Bezeichnung ERP II etabliert.

---

[23] Vgl. ebd.
[24] Vgl. Montanus (2004), S. 46.
[25] Vgl. SoftTrend Studie 243 (2006).
[26] Computerwoche (9/2003), S. 42.

4. Ausgangssituation in Unternehmen bei der IT System Auswahl

4.1 Status Quo

Viele IT Manager müssen mit einer heterogenen und überalterten IT Infrastruktur arbeiten. Diese wird jedoch nur sukzessive durch eine neue ersetzt, da die Budgets knapp sind. Gleichzeitig hat das Management immer wieder andere Erwartungen an die eingesetzten IT Systeme,[27] so kamen nach den E-Business Systemen Ende der 90er Jahre die ERP II Systeme, heute muss eine IT auf die SOA aufbauen.

Um aktuell eine geeignete IT Landschaft zu finden, stehen viele IT Manager vor der Entscheidung, ob sie sich für ein ERP System, also einen Komplettanbieter, entscheiden oder ob sie die Best-of-Breed (BoB) Variante, d. h. den Einsatz des jeweils besten Software-Produkts für einen bestimmten Bereich verfolgen sollen. Zwar wird von vielen Unternehmern die Best-of-Breed Variante als die richtige Vorgehensweise bevorzugt, da die jeweils beste Software für Bereiche wie die Finanzbuchhaltung, Kostenrechnung oder Vertriebsanwendung auch das Optimale zu sein scheint. Jedoch stellt sich hier die Frage, ob „ein Gesamtoptimum höher ist als die Summe der Teiloptima"[28]. Denn mit Letzteren sind u. a. auch Probleme verbunden, wie im Folgenden aufgezeigt wird.

---

[27] Vgl. SoftTrend Studie 243 (2006).
[28] Steeb Mittelstandsmagazin (2/2003).

4.2 Vergleich von Best-of-Breed versus ERP Systeme anhand wichtiger Punkte

Bei der Entscheidung zwischen einem ERP Komplettsystem und einer Best-of-Breed Variante sind folgende sensible Punkte zu beachten:

(1)Schnittstellen

(2) Releasewechsel

(3) Benutzeroberflächen

(4) Datenhaltung

(5) Funktionalität

(6) Wirtschaftliche Sicherheit des Anbieters

(1) Schnittstellen

Da bei der Best-of-Breed Variante verschiedenartige Software-Produkte ausgewählt werden, die nicht kompatibel sind, besteht ein zentrales Problem bei deren Schnittstellen. Zum einen sind sie sehr kostenintensiv, u. a. auch weil sie häufig als 1:1-Verbindungen erstellt werden.[29] Zum anderen wirken sie, wenn Datenabgleiche manuell vorgenommen werden müssen oder fehlerträchtige Mehrfacheingaben erforderlich sind, deutlich qualitätsmindernd auf die Stammdaten.[30] Ein weiteres Problem ergibt sich bei der Datenintegration bzw. dem Datenaustausch. So muss beim Best-of-Breed entweder einer der Lieferanten, ein unabhängiger Dritter oder der Erwerber sich selbst darum kümmern, falls er über die entsprechenden Kenntnisse verfügt. Bei den Gesamtlösungen erledigt dies hingegen der Lieferant.[31]

---

[29] Vgl. Karch et al. (2004), S. 24.
[30] Vgl. ebd.
[31] Vgl. Steeb Mittelstandsmagazin (2/2003).

(2) Releasewechsel

Die Nachteile, die sich beim Releasewechsel für die Best-of-Breed Variante ergeben, hängen eng mit der Schnittstellenproblematik zusammen. Da die Software-Produkte regelmäßig durch Releasewechsel aktualisiert werden müssen, sind auch die Schnittstellen dann jeweils wieder zu prüfen und ggf. neu anzupassen. Denn die Arten der technischen Installation sind von Hersteller zu Hersteller unterschiedlich. Als weiterer Nachteil kommen die verschiedenen Rhythmen der Releasewechsel bei den jeweiligen Anbietern hinzu.[32]

(3) Benutzeroberflächen

Gegenüber Gesamtlösungen sind beim Best-of-Breed Ansatz die Oberflächen unterschiedlich gestaltet. Dadurch muss der Nutzer immer wieder entsprechend des jeweilig aufgerufenen Systems umdenken. Folglich läuft er Gefahr, dass er Zeit verschwendet und ihm Irrtümer unterlaufen.[33]

(4) Datenhaltung

Weil bei der Best-of-Breed Lösung die einzelnen Systeme nicht aufeinander abgestimmt sind, treten Redundanzen in der Datenhaltung auf. Dadurch müssen die Daten manuell und doppelt oder mehrfach eingegeben werden. Darüber hinaus wird hierfür zusätzlicher und damit überflüssiger Speicherplatz benötigt. Eine noch größere Problematik tritt auf, wenn redundante Daten auch noch ungleiche Werte aufweisen. Dann muss eine Abstimmung erfolgen, wobei die Frage zu klären ist, welches System recht hat.[34]

---

[32] Vgl. ebd.
[33] Vgl. ebd.
[34] Vgl. ebd.

(5) Funktionalität

Der Best-of-Breed Ansatz hat den Vorteil, dass die Anbieter der einzelnen Systeme jeweils auf ihr Gebiet spezialisiert sind. Dadurch weisen die Einzelkomponenten ein Maximum an Funktionalität auf und bieten daher sehr viel Komfort.[35] Jedoch stellen sich hier die Fragen, ob der Nutzer diese hohe Funktionalität tatsächlich braucht und ob diese nicht auch zu Problemen führen kann, beispielsweise wegen komplizierter Anwendungen. Eine Lösung dieses Problems stellt das „customizing" dar, bei dem nur die jeweils benötigten Teile der Software aktiviert werden und so der Nutzer von nicht relevanten Funktionen entlastet wird.[36]

(6) Wirtschaftliche Sicherheit des Anbieters

Je nach Variante wirken sich wirtschaftliche Schwierigkeiten des Anbieters unterschiedlich auf den Anwender aus: Während beim Best-of-Breed Ansatz nur das jeweilige Teilgebiet betroffen ist, geht es bei der Gesamtlösung um alle hiermit verbundenen Teillösungen. Hier ist also der Best-of-Breed Ansatz im Vorteil. Demnach sollte vor dem Kauf einer Gesamtlösung auf die wirtschaftliche Sicherheit des Anbieters geachtet werden.[37]

---

[35] Vgl. Karch et al. (2004), S. 210.
[36] Vgl. Steeb Mittelstandsmagazin (2/2003).
[37] Vgl. ebd.

4.3 Die Beurteilung eines ERP Systems am Beispiel von mySAP© ERP

	mySAP® ERP	"best-of-breed"
- Software Lizenzen	x €	3-4 mal x €
- Software Wartung	y €	3-4
- Integrationskosten (1. Jahr)	0	ca. 1,3 – 4 Mio. €
- Support	relativ niedrig	relativ hoch
- Kompetenzen (Personal)	vorhanden (R/3)	+ 2-4x Vollzeit

Abb. 3: mySap versus Best-of-Breed[38]

Der direkte Vergleich des SAP Konzepts mit dem Best-of-Breed Ansatz zeigt in der komponentenübergreifenden Integration der SAP einen wesentlichen Vorteil auf. So sind bei der homogenen mySAP ERP Lösung wesentlich geringere Investitionen nötig, zudem fallen vor allem für den laufenden Betrieb deutlich geringere Kosten an. Dabei ist es von entscheidender Bedeutung, vorhandenes SAP-Know-how der Mitarbeiter für alle SAP-Komponenten zu nutzen.[39]

Der strategische Vorteil dieser ERP Systeme besteht darin, dass eine integrierte Datenbasis mit dezentralen Zugriffsmöglichkeiten genutzt wird. Dadurch werden ein mehrfacher Datenerfassungsaufwand und Fehler bei der Transformation von Daten vermieden.
Außerdem sind die Zugriffszeiten kürzer und die Auswertungsmöglichkeiten der Daten besser.[40]

---

[38] Scheer et al. (2003), S. 126.
[39] Vgl. ebd.
[40] Vgl. Kämpf/Roldan (o. J.).

5. Service-orientierte Architekturen

5.1 Warum SOA?

Laut Ansicht der Fachwelt werden die Service-orientierten Systemarchitekturen (SOA) eine neue Ära der Informationstechnologie einläuten.[41] Denn sie sind zum Erhalt und Ausbau der Wettwerbsfähigkeit erforderlich und zeichnen sich hauptsächlich durch ihre Flexibilität und Wiederverwendung aus.[42] Sie bewältigen Anforderungen wie die Geschäftsabwicklung in Echtzeit als logische Weiterentwicklung der Datenverarbeitung in Echtzeit.[43]

5.2 Paradigmenwechsel in der Architektur von Standardsoftware

Flexibilität und Wiederverwendung sind also die beiden Hauptbegriffe, die in Bezug auf Service-orientierte Architekturen genannt werden.[44] In technischer Hinsicht müssen sich Unternehmen intensiver mit den Geschäftsprozessen auseinander setzen, da die Prozessorganisation verloren geht, wenn die in sich geschlossenen ERP Systeme ersetzt werden durch offene, lose miteinander verknüpfte Anwendungskomponenten.[45]

Die Idee von SOA besagt, dass die Unternehmenssoftware in kleine Funktions- bzw. Prozesseinheiten, die so genannten Services, zerlegt wird.[46] Dabei verfügt jede der unterschiedlichen mySAP Anwendungen über eine eigene Datenzentrale, dem Verwahrungsort. Zwar betonen die Anbieter den Vorteil der höheren Flexibilität und Release-Unabhängigkeit der SOA, jedoch wird hier der Verlust des Integrationsvorteils

---

[41] Vgl. MySAP™ ERP, S. 5.
[42] Vgl. Seidel (2006).
[43] Vgl. mySAP™ ERP, S. 25
[44] Vgl. Seidel (2006).
[45] Vgl. Montanus (2004), S. 104.
[46] Vgl. Seidel (2006).

verschwiegen, der aufgrund einer einzigen Datenbank bei den bislang verwendeten ERP Systemen besteht. Mit der ERP Software und ihrem hohen Integrationsgrad verfügten die Unternehmen zugleich auch über Geschäftsprozesse, da der beleg- und transaktionsbasierte Aufbau automatische Prozessketten auslöste, beispielsweise für Angebote, Aufträge, Lieferungen oder Rechnungslegung. Nun müssen die Unternehmen diese Integration selbst leisten. Dazu werden laut Montanus die Softwareanbieter zwar Integrationstechnologien, aber keine fachliche Prozessintegration liefern, z. B. bei der Frage, wo und auf welche Weise ein Kundenauftrag geführt werden soll.[47]

---

[47] Vgl. Montanus (2004), S. 105.

6. Schlussbetrachtung

Durch die fortschreitende Globalisierung in der Wirtschaft werden sich zukünftig praktisch alle Unternehmen zwischen Kollaboration oder einem dramatisch sinkenden Markteinfluss entscheiden müssen. Insofern werden geschlossene Geschäftsprozesse und ausschließlich lokal nutzbare Softwarelösungen wie die klassischen ERP Systeme mehr und mehr der Vergangenheit angehören, während sich jedes Geschäft im Wettbewerb zum Collaborative Business entwickelt.[48]

Gartner geht mit seinem Konzept, wie ERP II Systeme aufgebaut sein müssen, in die richtige Richtung, da heute sowohl die internen als auch die unternehmensübergreifenden Prozesse abgebildet werden müssen. Wer künftig nicht innerhalb kürzester Zeit seine Prozesse und Systeme mit potenziellen Partnerunternehmen verknüpfen kann, vergibt langfristig die Chance, Bestandteil eines flexiblen Partnernetzwerks zu sein und sich damit seine Marktpräsenz nicht nur zu erhalten, sondern auszubauen.[49] Dabei besteht für die ERP Hersteller und für die Anwenderunternehmen die Aufgabe, ihre bestehenden Produkte in eine SOA-fähige Software umzubauen bzw. zu zerlegen.[50] Inzwischen hat das „SOA-Fieber" alle IT-Unternehmen erreicht: die klassischen Infrastrukturanbieter, Systemhäuser und auch die Anbieter von Enterprise-Ressource-Planning-(ERP-)Software.

Zusammenfassend kann gesagt werden, dass ERP II den richtigen Weg aufzeigt, wie sich ERP-Systeme und die gesamte Anwendungslandschaft eines Unternehmens durch die Anforderungen des Collaborative-Business weiterentwickeln müssen. Hierbei muss die Frage, ob ERP-Systeme noch zeitgemäß sind, differenziert betrachtet werden. Die klassischen ERP-Systeme sind es sicher nicht mehr, die erweiterten ERP-Systeme hingegen mittelfristig durchaus. Längerfristig gesehen werden jedoch die

---

[48] Vgl. Schönthaler (2005), S. 27.
[49] Vgl. Schultze/Wettklo (2003), S. 35.
[50] Vgl. Seidel (2006).

ERP II Systeme durch lose gekoppelte Services, die auf SOA basieren, ersetzt werden. Denn diese Technologie verspricht den Unternehmen eine langfristig wirtschaftliche Wettbewerbsfähigkeit.

Quellenverzeichnis

Bücher

Hildebrand, Konrad/Rebstock, Michael (2000)
Betriebswirtschaftliche Einführung in SAP© R/3©. 1. Aufl., München/Wien.

Karch/Heilig/Bernhardt/Hardt/Heidfeld/Pfennig (2004)
Sap NetWeaver. 1. Nachdruck, Bonn.

Kurbel, K. (2005)
Produktionsplanung und -steuerung im Enterprise Resource Planning und Supply Chain Management. 6. Aufl., München/ Wien.

Montanus, Sven (2004)
Digitale Business-Strategien für den Mittelstand. 1. Aufl., Berlin/Heidelberg/New York.

Norris, Grant/Hurley, James R./Hartley, Kenneth M./Dunleavy, John R./Balls, John D. (2002)
E-Business und ERP. 1. Aufl., Weinheim.

Scheer, August-Wilhelm/Abolhassan, Ferri/Bosch, Wolfgang (2003)
Real-Time Enterprise. 1. Aufl., Berlin/Heidelberg.

Schulte, Christoph (2005)
Logistik – Wege zur Optimierung der Supply Chain. 4. Aufl., München.

Silberberger, Holger (2003)
Collaborative Business und Web Services. 1. Aufl., Berlin/Heidelberg.

Fachzeitschriften

(o. V.)

Die Zukunft von ERP/ Trends und Tendenzen im Umfeld von
Anwendungssoftware in: Computerwoche (2003),
Nr. 9 vom 28.02.2003, o.O.

Gartner (Hrsg.) (2000)

ERP is dead – Long live ERP II. In: Strategic Planning, SPA-12-
0420, 2000, o. O.

Schultze, Marc-Andreas/Wettklo, Michael (2003)

White Paper. ERP-Strategien im Collaborative Business – ERP in
der Sackgasse? Detecon International GmbH.

SoftTrend Studie 243 (2006)

ERP – ERP II 2006. SoftSelect GmbH, März 2006.

Internetquellen

Blankhamer, Alfred (o. J.)

Das Herz des Unternehmens, in URL:
http://www.oesterreichonline.at/artikel.asp?mid=1&kid=&aid=8657,
Stand: 27.09.2005.

Gartner Group (2004)

The real-time-enterprise, in URL:
http://rte.gartner.com/section.php.id.2159.s.15.jsp.
Stand: 26.05.2006.

Kämpf, Rainer/Roldan, Azucena (o. J.)

Die Entwicklung der informationstechnischen Unterstützung von SCM, in Url: http://www.ebz-berratungszentrum.de/logistikseiten/artikel/escm3.html Stand: 26.05.2006.

Mancuso, Marco (o. J.)

ERP-Totgesagte leben länger in URL: http://www.newsolutions.de/news400/artikel/biblio/tot.php, Stand: 25.05.2006.

(o. V.)

mySAP™ ERP - Alle Neuheiten im Vergleich zu SAP R/3 auf einen Blick, in Url: http://www.sap.com/germany/media/50070634.pdf Stand: 20.05.06

Rashid, Mohammad A. (o. J.)

The evolution of ERP systems. Massey University, New Zealand, in URL: http://www.idea-group.com/downloads/excerpts/193070836XExcerp.pdf.

Schönthaler, Frank (2005)

Collaborative Business – Intelligente Geschäftsprozesse und Softwarelösungen, in URL: http://www.promatis-software.de/downloads/wp/WP_Collaboration_0501d.pdf, Stand: 25.05.2006.

Seidel, Bernd (2006)

ERP-Hersteller rüsten sich fürs Service-Zeitalter, 30. Mai 2006, in URL: http://www.zdnet.de/itmanager/strategie/ 0,39023331,39143681,00.htm.

Steeb Mittelstandsmagazin „Lösung"

Best-of-Breed oder Gesamtlösung? Ausgabe 2/2003, in
URL: http://www.steeb.de/infocenter/loesung/02_2003/loesung_02_
2003_04.html, Stand: 01.05.2006.

WS 2003/2004 (o. V.)

ERP II – auf dem Weg zu internetbasierten,
unternehmensübergreifenden ERP-Systemen.
URL: http://seminar.iwi.uni-
sb.de/user_show.php?action=generalthemen&SeminarID=8, Stand:
25.05.2006.